शिकायतें

शिवानी दोषी

Copyright © Shivani Doshi
All Rights Reserved.

This book has been published with all efforts taken to make the material error-free after the consent of the author. However, the author and the publisher do not assume and hereby disclaim any liability to any party for any loss, damage, or disruption caused by errors or omissions, whether such errors or omissions result from negligence, accident, or any other cause.

While every effort has been made to avoid any mistake or omission, this publication is being sold on the condition and understanding that neither the author nor the publishers or printers would be liable in any manner to any person by reason of any mistake or omission in this publication or for any action taken or omitted to be taken or advice rendered or accepted on the basis of this work. For any defect in printing or binding the publishers will be liable only to replace the defective copy by another copy of this work then available.

यह कविता उन सभी लोगों को समर्पित है जो प्यार में पड़ गए हैं, प्यार में पड़े रहे और प्यार में टूट गए। यह उन सभी लोगों के लिए है जो खुद से प्यार करना सीख रहे हैं।

क्रम-सूची

प्रस्तावना vii

भूमिका ix

पावती (स्वीकृति) xi

आमुख xiii

1. हमसफ़र 1
2. कचे धागे 2
3. चाय की प्याली 3
4. अजीब हूँ 4
5. बत्सुरत शहर 5
6. भूले बिसरे किस्से 6
7. अंधेरी गलियो 7
8. अल्फ़ाज़ 8
9. असरार 9
10. चांदनी रातें 10
11. टप- टप 11
12. बेपरवाह 12
13. दर्द 13
14. क़यामत की रात 14
15. सुकून 15
16. इश्क़ 16
17. खुद परास्त 17
18. मयखाने 18
19. आफ़ताब 19
20. बेवफा की चाहत 20

• v •

क्रम-सूची

21. नाजायज़ इश्क़ — 21
22. खराश — 22
23. दर्द और सही — 23
24. आवारगी — 24
25. हसीन चांद — 25
26. बेवफा — 26
27. आशिक़ी — 27
28. लौट आया — 28
29. शामें — 29
30. मिलन — 30
31. उस शाम — 31
32. उलझने — 33
33. एक कश — 34
34. बड़े शेहर — 35
35. प्रतिशोध — 36
36. सलाम — 37

आपके दिल की बातें — 39

प्रस्तावना

शिकायतेन, इस काव्य संकलन में अलग-अलग कविताओं का समावेश है, जो विभिन्न लोगों के जीवन को शब्दों में कैद करते हैं, यह मूल रूप से उन चरणों के बारे में है जो एक व्यक्ति को गुजरती हैं, दिल की धड़कन, दोस्ती, नए सपने और बहुत कुछ। यह मूल रूप से एक व्यक्ति को एक अलग दुनिया में स्थानांतरित करता है। हर कविता दिल के उस तार को छू लेगी, जो किसी दिन उन भावनाओं को था। कुछ को प्यार हो जाएगा, कुछ को नुकसान महसूस हो सकता है, और कुछ को जीवित महसूस हो सकता है।

भूमिका

आंखों में रहा दिल में उतर कर नहीं देखा
कश्ती के मुसाफ़िर ने समुंदर नहीं देखा

जिस दिन से चला हूं मेरी मंज़िल पे नज़र है
आंखों ने कभी मील का पत्थर नहीं देखा

बे-वक़्त अगर जाऊंगा सब चौंक पड़ेंगे
इक उम्र हुई दिन में कभी घर नहीं देखा

ये फूल मुझे कोई विरासत में मिले हैं
तुम ने मेरा काँटों भरा बिस्तर नहीं देखा

पत्थर मुझे कहता है मेरा चाहने वाला
मैं मोम हूं उसने मुझे छूकर नहीं देखा

-बशीर बद्र

पावती (स्वीकृति)

मुझे विश्वास करने के लिए अपने प्रकाशकों का आभारी हूं
मेरे लिए और इसके माध्यम से मेरी मदद करना, मेरे
माता-पिता के लिए
मेरे लिए, मेरे भाई-बहनों का समर्थन करते हुए
वहाँ भी सात समुद्रों के अलावा, मेरे दादा दादी
जो मेरे ऊपर मुस्कुरा रहे हैं, मेरी तरफ बढ़े हुए हैं
मेरे काम को हमेशा पढ़ने और साझा करने के लिए
परिवार,
विशेष रूप से सबसे अच्छे होने के लिए मेरे चचेरे भाई
दुनिया में, हमेशा प्रोत्साहित करने के लिए मेरे दोस्त
मुझे बेहतर करने के लिए, और उन सभी लोगों के लिए
जो
मेरे पास आया और प्यार के बारे में उनकी कहानियाँ
साझा कीं
 अंत में भगवान शुक्रिया कहना चाहती हूँ, और कुछ
ऐसे लोग जो इस ज़िन्दगी के कारवां में जुड़ते गए और
ज़िन्दगी हसीं हो गयी ।

आमुख

तू ने अब तक वफ़ा की बोहोत शुक्रिया
शुक्रिया शुक्रिया शुक्रिया ज़िन्दगी

1. हमसफ़र

उलझे रिश्तो को सुलझाने में हम कुछ उलझ गए
दिल की बातें दिल में छुपा कर चले गए
कहना था प्यार है पर दोस्ती बोल कर चले गए
खार जैसी ज़िन्दगी में कुछ गुलज़ार बनते चले गए
ना आया प्यार, ना आयी दोस्ती पर एक दूसरे को
ज़िन्दगी बनाते चले गए
निकले थे तो दोस्त बनने के लिए पर प्यार हो गया
और वह वक़्त चला गया
हमसफ़र बनने की जगह एक दूसरे के हमनवा बनते
चले गए
प्यार ना सही पर दोस्त बनके चलते गए

2. कचे धागे

पनपने दो इश्क़ को, थोड़ा अभी
क्योंकि अभी भी कुछ हिस्सा बाकी है
कचे धागे है इसके, अभी धूप में सेकना बाकी है
जितना समय लगता है, लगने दो
क्योंकि अभी तो बारिश में भीगना बाकी है
नया नया चढ़ा है रंग गुलाल का
अभी उतारना बाकी है
हाथ को तो थाम लिए, लेकिन धड़कनो का मिलना बाकी है
बातें तो बोहोत है, लेकिन तुम्हारा और मेरा मिलना बाकी है
अल्फ़ाज़ बहुत है इश्क़ के लेकिन इज़हार होना बाकी है
अगर दिल अपनी पे आ गए
लेकिन वो हिस्सा बाकी है

3. चाय की प्याली

ठंडी का मौसम आया
और चाय का कुछ नशा सा छाया
साथ ही साथ दिल की उलझने लाया
जिनको सुलझाने में उसने साथ दिया
वह जो खुद उलझा हुआ है पर ,पर प्यार के नाम पर सुलझ रहा है
दिल के सवाल को जवाब दिए जा रहे है
टुटा भरोसा जुड़ा जा रहा है
यकीं जिन जीजो पे नहीं था उन् जीजो से इश्क़ सा होने लगा है
जहाँ खुश रहना भूल गए थे हम वह हु मुस्कुराना सीखा रहा है
डर को प्यार में तब्दील कर रहा है
प्यार से भागना नहीं पर प्यार करना सीखा गया वह
ठंडी का मौसम आया
और
साथ गरम चाय का नशा छाया

4. अजीब हूँ

हाँ अजीब हूँ मैं
लोग कहते है कुछ अलग हूँ मैं दीवाना पैन सा छाया हुआ है
ज़िन्दगी के उस मक़ाम पे हूँ जहा कोई पसंद नहीं करता
चाय की चुस्कियों में ज़िन्दगी हसीं सी लगने लगी है
हाँ अजीब हूँ मैं
अजीब हूँ क्योंकि सब से अलग हूँ मैं
वहां हूँ जहाँ सिर्फ ख्वाब पला है
आजकल अगर अच्छाई अजीब लगने लगे
मुझसे कहना, हाँ अजीब हूँ मैं
चढ़ान देखी, ढलान देखी है
पर सबसे हट के अजीब हूँ मैं
इलाही या मुसाफिर, जो बोलो जी चाहे
हाँ ज़रूर अजीब हूँ मै
हाँ वो पल शायद चूक गई जहाँ अपने थे
अजीब ज़रा सा हूँ मैं
पर उन्ही के लम्हों को यादगार अगर कर पाया
कामयाबी की शिखर पे कहता हूँ, अजीब हूँ मैं
गैर यही है जीना , इससे अजीब और क्या
यही पे मर मिटना, इससे कामिल और क्या
हर पथ पर झुकने ना वाला
ऐसा ही मस्त मौला अजीब हूँ मैं

5. बत्सुरत शहर

अपना शहर भी अब कुछ, रास नही आ रहा तुम जो हो नही अब यहां
वो खूबसूरत रातो की चमक अब खबर नही है कहाँ जब हम साथ थे,
तब कुछ बात थी, वो तुम्हारा जाना, और हमारा खुद से ही पराया हो जाना, कुछ बात तो थी
अब पता नही, वो खूबसूरत यादें है कहाँ हर रोज़ तुम्हे देखना, तुम्हरे गाड़ी का नंबर मुह ज़बानी हो गया, आज भी अगर वैसे कोई दिख जाए तो दिल मचल जाता है, वो रोज़ वाली बातें और वो रोज़ वाला प्यार, अब जाने है कहाँ सुबह से लेकर, दुपहर की तुम्हारे बातें, रात के इंतेज़ार में कटती मेरी बेचेनी, और यूँही तुमसे मिलने की आशना अब जाने है कहाँ इस शहर की सारी जगह तुमसे जुड़ी है,
अब तो बतसुरत सा लगता है यह शहर, ना तुम हो, ना हम है, और ना ही वो अफ़साने है कहाँ प्यार मर चुका है, मेरे लिए तो यह शहर भी मर चुका है

6. भूले बिसरे किस्से

ना कोई सवाल था,
ना किसी जवाब की ज़रूरत थी
उस लम्हे में यह बातें भूल गए
वैसे ही जैसे तुम हमारा किस्सा ही भूल गए

7. अंधेरी गलियो

यह उन अंधेरी गलियो के बारे में है
जहा, आप और मेरे जैसे लोग, हिदायत के लिए नही जाते, यह उन लड़कियों के बारे में है, जो इन गलियो की रात, में अपने जिस्म को बेच कर, अपने सपने पूरे करते है, लेकिन क्या कभी इश्क़ होता होगा इन्हें? जब से होश संभाला है, खुद को यही पाया है,
कुछ साल, बड़े प्यार से रखा जाता था, फिर उम्र के साथ पैसे के पीछे भगाया जाता था
काम क्या था पता नही, अम्मा से पूछो तो सिर्फ मुस्कुराया करती थी, उस रात सारे जवाब मिले, उस अंधेरे कमरे में, एक आदमी के करीब आने पर, और यूँ छूने पर, बेआवाज़ और नम हो गयी मैं, शायद काम का मतलब समज आया
उस दिन, अम्मा आयी और कहा कि बेटा दिल लगाने तुम्हारे लिए नही बना, क्योंकि इश्क़ वैश्या के लिए नही बना है
अंधेरी रातो, और उन बंध कमरो से खौफ आता है मुझे क्योंकि फिर, यह रात मेरी मर्ज़ी के बिना यूँही कट जाएगी, और जेबे फिर भर जाएगी
इसीलिए शायद, इश्क़ वैश्या के लिए नही बना है
तुम मुझे, नोच सकते हो, समेट सकते हो, लेकिन मेरा हक़ नही दिलवाओगे, क्योंकि तुम भी कहोगें, क्या तुझ जैसी से प्यार करूँगा? मोहबत आयी तो थी कही बार द्वार मेरे, लेकिन जज़्बात ने मुह मोड़ दिया,क्योंकि इश्क़ करना तो मना है मुझे
यह, रात के ढलते नशे के साथ, इस्नान के रूप को बदलते देखा है, और एहसास हुआ कि, इश्क़ तो मेरे लिए नही बना

8. अल्फ़ाज़

टूटा दिल बिखरे अल्फ़ाज़ सब सिमट गए इन पनो पर
कुछ इश्क़ लिखा कुछ अश्क़ लिखे सब कुछ था उन कोरे पनो पर
कुछ खफा खफा सी यादें थी, कुछ टूटे-फूटे से लम्हे थे

कुछ इश्क़ फरेबी बातें थी
अब दिल हारु, और जज़्बात भी, शायद अब उसमे वह बात नहीं

9. असरार

//اسرار - بھ//असरार //

कुछ असरार छोड़ जा रही हूँ , वफ़ा करना
अकेलेपन की शिकायत हमदम , जफ़ा करना
साथ हो तो , प्यार भी निभाना
ग़ज़ल जब यह महफ़िल में तुम्हारे नाम करू तो वह
वह ज़रूर करना
हसी तुम्हारी कैद कर रही हूँ इन् आँखों में ,
जब यह आँखें बहे ,
हाथ को थाम कर एक प्यार का झुमला बतला देना
इश्क़ का इकरार कर रही हूँ ,
इश्क़ से काफी समय बाद मुलाकात कर रही हूँ ,
खुद पे किया विश्वास तुम पर कर रही हूँ ,
इश्क़ के सामने जानेमन ज़रा इज़्ज़त रख लेना

10. चांदनी रातें

चांदनी तो आज भी है हसीन,
पर वो रात वाली बात नही होगी,
अकेला देख कर ग़म भी आता है दो बातें करने,
अंधेरा देख जुगनू भी आये रोशनी देने,
मसरूफ हो गए तुम्हारे शहर की शामो में,
दिल लगा बैठे इन् बेमतलब के कामो में,
पानी नुमा अष्क भी मिलाया है इस जाम में,
जानते हुए के तुम्हारे प्यार के खैरात में हमारे हिस्सा नही होगा
चांदनी तो आज भी है हसीन, पर वो रात वाली बात नही होगी

11. टप- टप

उसी के ख्याल के साथ
आवाज़ आयी
टप
टप
टप
टप
टप
जैसे दिल का दर्द आँखों से अश्रु बांके बेह रहा हो
उसके जाने की कोई वजह नहीं थी
शायद ज़िन्दगी ही बेवजह थी

12. बेपरवाह

वह ईमारत भी वहीं थी
उसकी पहली मुलाकात की खुश्बूं भी वैसी ही थी
वह जमीन की गीली मिटटी की खुशबु भी जानी पेचानी थी
पर
जहाँ आज में हूँ, वहां
सिर्फ में ही मौजूद नहीं हूँ
क्यूंकि वक़्त ही अब ऐसा आया था
वह भी यहाँ नहीं थी
और मुझे पता भी नहीं था

13. दर्द

कुछ अजीब सा दर्द था
दिल को कही सुकून नहीं था
बोहोत कोशिश के बाद
उस दर्द को बहने दिया
दिल को दिलासे मिलते है
आंखें तो नहीं हारी
पर
दर्द हार गए

14. क़यामत की रात

मुश्किल यही है जनाब
यहाँ के किस्से ऊपर जाके जिनका हिसाब मांगना है
पर क़यामत की रात को और उस खुदा सा मिलके
यहाँ के किस्से याद कर पाओगे

15. सुकून

यह जहाँ भी छोड़ कर देखा
यह धुओं को भी उदा कर देखा
यह नशे में भी धुत बेथ कर देखा
लेकिन
नहीं मिला कही भी
वह सुकून जो कभी था मुजमे
जिससे खुद पर नाज़ था
जो अभी कही है मुजमे

16. इश्क़

ना सवाल रहे
ना बवाल हुए
इश्क़ में ही खोये हम
इश्क़ में ही पाये

17. खुद परास्त

हिम्मत का हारना ना मुसीबत में चाइये
थोड़ा सा होंसला भी ऐसी तबियत में चाइये

18. मयखाने

प्यार एक खूबसूरत शाख जैसा है
पुराणी किताब में छुपा कर रखे हुए गुलाब जैसा है
मयखाने की अब ज़रूरत कहा
क्यूंकि प्यार में तो मेहबूब ही शराब जैसा है

19. आफ़ताब

आफ़ताब को चाँद कह्देने से रात नहीं बनती
बादलों के तकराने से बरसात नहीं होती
पर
वक़्त लेता है इश्क़ होने में मुकम्मल सिर्फ चार दिन दिल लगाने
से
मोहबत नहीं बनती

20. बेवफा की चाहत

बेवफा की इस चाहत वाले इश्क़ को कुछ ऐसे जाने दिया,
दुबारा मोहबत की मैने और फिर दोनों को भुला दिया
इश्क़ से इश्क़ गैर हो गया,
और इस तन्हाई मैं भी,
कुछ अपनापन रह गया
कल तक नज़रे छुपने वाले आज सवाल पूछ रहे है,
जिन्हें शिकायत हुआ करती थी,
आज मेरा हाल जाना करते है
जब हिम्मत और उम्मीद तोड़ ना पाए ज़ख्म देने वाले तो अब यह
दिल के मलाल के बारे में तफसील से पूछ रहे है

21. नाजायज़ इश्क़

गर मेरा इश्क़ जायज़ नहीं ,
ले चल जहाँ तू खालिस नहीं,
गर ऐसी जगह ही नहीं,
जहाँ माईने ना मुझको मिले
तो ले चल जगह कोई,
जहाँ माईने ही नहीं हो

22. खराश

वो जो सांस की , इक फांस थी
वो निकल गयी जो दिल की खराश थी

23. दर्द और सही

दिल कहता है कुछ दर्द और सही
नज़रो से तेरे इश्क़ कर बैठे हम,
लेकिन इश्क़ करके भी खुद के नज़रो से गिर गए हम
मंज़ूर ऐ सज़ा थी हमे अगर कोई गुनाह किया होता
पर यहाँ तो बेवजह इल्ज़ामो में उलझ गये हम
बेवजह सही, मेरे मेहबूब चल छोड़ मेरी वफ़ा की आग के बदले
तेरी हरकतों के कुछ दर्द और सही

24. आवारगी

चमकते चाँद को टुटा हुआ तारा बना डाला
मेरी आवारगी
ने
मुझे आवारा बना डाला

25. हसीन चांद

चांदनी तो आज भी है हसीन, पर वो रात वाली बात नही होगी,
अकेला देख कर ग़म भी आता है दो बातें करने,
अंधेरा देख जुगनू भी आये रोशनी देने,
मसरूफ हो गए तुम्हारे शहर की शामो में,
दिल लगा बैठे इन् बेमतलब के कामो में,
पानी नुमा अष्क भी मिलाया है इस जाम में,
जानते हुए के तुम्हारे प्यार के खैरात में हमारे हिस्सा नही होगा
चांदनी तो आज भी है हसीन,
पर वो रात वाली बात नही होगी

26. बेवफा

बेवजह बेवफाओ को याद किआ है
गलत लोगो पे
बोहोत वक़्त बर्बाद किआ है

27. आशिक़ी

जिनगी को महज़ एक दर्द काफी है,
रंजिशों के शोर में, बोहोत सस्ती हो चुकी है मोहबत आशिक़ी के दौर में
किसी की पल भर की आदत, किसी का उम्र भर का धोखा है
इंसान को इंसान का भूल जाना भी
एक अजीब तोहफा है

28. लौट आया

अब इस बात से उदास है, की तब इतने उदास क्यों हुए के ऐसी नापाक मोहबत कर बैठे के खुद के एहसासो को ही नीलाम कर दिया,
वो लौट कर आया तो मेने उससे नज़रअंदाज़ कर दिया

29. शामें

उसका जाना क्या हुआ,
मेरी गहरो से मुलाकातें कुछ आम हो गयी,
फिर हुआ यूं के उसके हिस्से की शाम
अब किसी और के नाम हो गयी

30. मिलन

पीर लिखो तो मीरा जैसा, मिलन लिखो तो राधा सा, दोनो ही है कुछ पूरे से
दोनो में ही वो आधा सा
फिज़ा रंगी अदा रंगी, ये इठलाना, ये शर्माना, ये तरसा कर चले जाना बना देना कही मुझको जवान जादू ये दीवाना
अपना ही साया देख के तुम, जाने जाना शर्मा गए, अभी तो ये पहली मंजिल है, अभी से तुम घबरा गए
वक़्त की साजिश थी ये महज़ इतेफाक, तुम यूँही नही गुमराह हो जाते गलियो मैं

31. उस शाम

जब उस शाम पहली दफा तुमको देखा था, लगा ही था, के ज़िन्दगी में कोई बड़ा कांड होने वाला है, ट्रैफिक की उस मार मैं, पिछली रातो की बात में,खो कर, डरते, पड़ते, पौंची में, गाड़ी को ढूढ़ने में वक़्त लग गया, तब शायद लगा, पता नही कहा फस गयी

तुमको देख के मेरे अंदर के मेरे अतिथ के हिस्से सब बिखर चुके थे, जो डर लेके में आई थी, वो सच होते हुए दिख रहे थे, उन बिखरे टुकड़ो को जोड़ कर, मेने वर्तमान में कदम रखा और मुस्कुरा कर, आगे बढ़ी तुम एक अजनबी से थे, लेकिन शायद हमारी तन्हाइयो ने मुझे तुम मुझसे लगे

तुमने हस के हाथ आगे किया, और मैने अपना हाथ रखते हुए, गौर से तुमको देखा, और उस एक पल में, मानो सारे डर, दिल की उलझन शून्य हो गए थे, वो तुम्हारी बचो वाली हसी, आंखों में डर, दिल की उदासी और प्यार वाली बातें, देखो ऐसे में सख्त हु लेकिन यह में पिघल गयी

आंखे शालीन थी, शैतान नही, उस रात सुकून एक शब्द नही, ऐहसास था, दिल और दिमाग अजीब कशमकश में थे, के लड़की मत सोचो, चली जाओ, पलट कर मत देखो पर अंदर से एक आवाज़ आयी, के कुछ देर के लिए सही थम जाओ

बोहोत हिम्म्त लगी थी, और खुद पे इतना नाज़ कभी ना हुआ, बोहोत कुछ कहना था, बोहोत कुछ करना था, लेकिन उस रात हुम दोनो को देर हो रही थी, लेकिन में चाहे जितना भी मना करदु खुद को, तुम्हारी उस काली टीशर्ट पे, सफ़ेद लाइन पे मेरे दिल का एक छोटा टुकड़ा अटक गया था

शिकायतें

तुमसे विदा लेकर, फ़िर मिलने के वादे कर मैं लौट आयी, और फिर बोहोत सारे इम्तिहान हुए, तुम मेरा सुकून नही बन पाए, लेकिन मेरी ज़िंदगी के सबसे खूबसूरत इम्तिहान थे
तुमसे वो छोटी सी मुलाकात सारे दर्द वापस ले आयी थी, आईने में खुद के बेगैरिती और खुद की ना शुक्रि, बोहोत मुष्किल था, फिर गुज़र गए लम्हे, और दिन, बोहोत सिखाया खुद को, के तुम को, तुम जो हो उस के लिए प्यार था, और मेरे डर की यह जीत थी
तुम हो, तुम खुद को मेरी ,जिंदगी का एक जूठा दिलासा कह लो, या धोखा, पर तुम हो, बोहोत चीज़े बदल गयी है, लेकिन मेरे दिल का टुकड़ा आज भी वही काली टीशर्ट में अटका है,और में उससे निकलना भी नही चाहती, लेकिन हां में ये मान चुकी हूं के तुम शायद कभी मेरे थे ही नही, मंज़िल अलग थी,और अब शायद इस बात से मुझे ग़म नही होता
शायद आगे चल के तुम्हे ये सच बता पाऊँ, कलम और इश्क़ दोनो को तुमसे मिला सकू
यह अजनबी सी उलझने होती है, किनके साथ हम उलझना सिख जाते है, पर वक़्त के साथ इन उलझनों को समजना भी सिख जाते है, शायद किसी दिन, तुम इस कलम को याद करो, और कह सको के मोहबत थी, बस निभा नही पाए।

32. उलझने

यह अजनबी सी उलझने होती है,
किनके साथ हम उलझना सिख जाते है,
पर वक़्त के साथ इन उलझनों को समजना भी सिख जाते है,
शायद किसी दिन,
तुम इस कलम को याद करो,
और कह सको के मोहबत थी,
बस निभा नही पाए

33. एक कश

एक अजीब सी कशमकश में पड़ गए है, मेरे होंठ
एक तरफ़ा इश्क़ मैं, उजड गए हैं मेरे होंठ
एक कश की काली तपिश से रूठ गए हैं मेरे होंठ
किसी की लबो की मुसकुराहट,
की आस में, उनकी यूँ,
राह में, एक तरफ़ा के इस बेनामी रिश्ते में,
उदास हो गए है मेरे होंठ

34. बड़े शेहर

बड़े शेहर का यही दस्तूर है जनाब, पाने आते है कुछ, लेकिन खो देते हौ बोहोत कुछ तुम भी इस शहर में बन जाओगे पत्थर जैसे
हँसने वाला यहाँ कोई है न रोने वाला
है अजीब शहर की ज़िंदगी न सफ़र रहा न क़याम है कहीं कारोबार सी दोपहर कहीं बद-मिज़ाज सी शाम है
हमसफर तोह मिलेगा लेकिन हमनवा नही,
आशिक़ ज़ररूर बनोगे, लेकिन आशिक़ी नही होगी,
दिल हार कर बैठोगे, दिल जीतने की चाह मै,
खुद से इतने ऊंचे तवजु नहि रख,
इंसान बिखर जाता है,
इस शहर की रफ्तार में ख्वाब का पीछऐ करते हुए

35. प्रतिशोध

प्

सुनाई नही देती अब मुझे अज़ान और गीता की आवाज़ मेरे मोहल्ले में क्योंकि दरिदों का शोर बोहोत ज़्यादा है
उम्र मेरी कम है, लेकिन लड़की होने का तजुर्बा बोहोत है, मेरे मोहल्ले में इंसान कम हेवान बोहोत है
खुले आसमान की इजाज़त कहा है मुझे, यह तो बांध बेड़ियो में भी दरिंदे आज़ाद है
इन संस्कारों की मायानगरी में, मेफूज़ नही है वो बची जिससे नोंचा है उन दरिंदो ने
संविधान को अब मोड़ दो, क्योंकि अब आगत नही हुआ तो हर नही सुबह एक आसिफा, निर्भया का जन्म होगा
बांधो इन लोगो को जो बलात्कार में भी धर्म को देखते है, क्योंकि आतंकवादियों का ना कोई मज़ब होता है, और ना दरिंदगी की कोई जात होती है
इसके छोटे कपड़े थे, और यह बना बलताकरियो का जवाब, लेकिन बुर्के, और डायपर में भी लड़की कहा मेफूज़ है
शायद इसीलिए, अब यह भारत की आज़ादी ही मेरा प्रतिशोध बन गयी

36. सलाम

ज़िन्दगी के मिस्रो को कलम करती हूँ,
यह ग़ज़ल ही मोहताज
सबको सलाम करती हूँ

आपके दिल की बातें

अगर यह किताब आपके दिल के किसी भी कोने में गर कर जाए, मुझे लिख दीजियेगा.

नज़र उठा कर वह चाँद को देखे, मैं चाँद किताब का हो जॉन, हर महफ़िल में वह मुझे पढ़ले, और मेरी हर ग़ज़ल मुकम्मल करदे, बस और कोई चाहत नहीं मेरी, एक शायर की मोहबत हो जॉन

इंस्टाग्राम- @vaanikivani03

ईमेल- doshishivs03@gmail.com

www.ingramcontent.com/pod-product-compliance
Lightning Source LLC
LaVergne TN
LVHW011900060526
838200LV00054B/4436